Diogenes Taschenbuch 23597

AF198385

JOACHIM RINGELNATZ (eigtl. Hans Bötticher), 1883 in Wurzen geboren, bereiste als Seemann nach seinem Rausschmiss aus dem Gymnasium 22 Länder. 1909 entdeckte er in München das Künstlerlokal Simplicissimus und der *Simpl* ihn: Er wurde zum Hausdichter und begann Songs in der Tradition Villons, Groteskgedichte und zarteste Balladen zu veröffentlichen. Nach dem Ersten Weltkrieg trug der Leutnant a. D. als Kabarettist seine Gedichte in ganz Deutschland vor. 1933 erhielt Ringelnatz Auftrittsverbot, er verarmte und starb im Jahr darauf an einer Lungenkrankheit.

Ich habe dich so lieb!

*Die schönsten
Liebesgedichte von*

Joachim Ringelnatz

*Ausgewählt von
Daniel Keel und
Daniel Kampa*

Diogenes

Der vorliegenden, erstmals 2005 in der
Diogenes Bibliothek erschienenen Auswahl
liegt der 1997 im Diogenes Verlag
publizierte Band ›Sämtliche Gedichte‹ zugrunde
Covermotiv: Eduardo Garcia Benito,
›Vanity Fair, June 1924‹

Veröffentlicht als Diogenes Taschenbuch, 2007
Alle Rechte an dieser Ausgabe
und Auswahl vorbehalten
Copyright © 2005
Diogenes Verlag AG Zürich
www.diogenes.ch
ASR/23/852/3
ISBN 978 3 257 23597 5

I

Ich aber träume dich

Ich habe dich so lieb

Ich habe dich so lieb!
Ich würde dir ohne Bedenken
Eine Kachel aus meinem Ofen
Schenken.

Ich habe dir nichts getan.
Nun ist mir traurig zu Mut.
An den Hängen der Eisenbahn
Leuchtet der Ginster so gut.

Vorbei – verjährt –
Doch nimmer vergessen.
Ich reise.
Alles, was lange währt,
Ist leise.

Die Zeit entstellt
Alle Lebewesen.
Ein Hund bellt.
Er kann nicht lesen.
Er kann nicht schreiben.
Wir können nicht bleiben.

Ich lache.
Die Löcher sind die Hauptsache
An einem Sieb.

Ich habe dich so lieb.

Zu dir

Sie sprangen aus rasender Eisenbahn
Und haben sich gar nicht weh getan.

Sie wanderten über Geleise,
Und wenn ein Zug sie überfuhr,
Dann knirschte nichts. Sie lachten nur.
Und weiter ging die Reise.

Sie schritten durch eine steinerne Wand,
Durch Stacheldrähte und Wüstenbrand,
Durch Grenzverbote und Schranken
Und durch ein vorgehaltnes Gewehr,
Durchzogen viele Meilen Meer. –

Meine Gedanken. –

Ihr Kurs ging durch, ging nie vorbei.
Und als sie dich erreichten,
Da zitterten sie und erbleichten
Und fühlten sich doch unsagbar frei.

Vor einem Kleid

Karo ist in deinem Kleid,
Eine ganze Masse
Karo-Asse.

Wieviel Karos ihr wohl seid
In dem Kleid? – Das Kleid ist nett.

Karos sind im armen Bett.

Nun ich habe nicht gezählt,
Wenn mich auch die Frage,
Wieviel es wohl sind, doch quält.
(Immer wieder seh' ich hin.)

Weil ich männlich bin,
Rock und Hose trage,
Paßt solch Muster nicht für mich.
Karo ist zu munter.

Aber ich bestaune dich,
Fremdes Mädchen, hübsche Maid.
Karo ist in deinem Kleid.

Ist ein Coeur darunter?

Telefonischer Ferngruß

Ich grüße dich durchs Telefon,
Guten Morgen, du Gutes!
Ich sauge deiner Stimme Ton
In die Wurzeln meines Mutes.

Ich küsse dich durch den langen Draht,
Du Meinziges, du Liebes!
Was ich dir – nahe – je Böses tat,
Aus der Ferne bitt ich: Vergib es!

Bist du gesund? – Gut! – Was? – Wieviel? –
Nimm's leicht! – Vertraue! – Und bleibe
Mir mein. – – Wir müssen dies Wellenspiel
Abbrechen – – Nein, »dir« Dank! – –
    Ich schreibe! – –

Begegnung

So viele schöne Pfirsiche sind,
In die niemand beißt.

Die Gier kann auch ein verschämtes Kind
Sein. Was du nicht weißt.
Ohne Lüge kann ich mancherlei
Dir sagen, klänge dir wie Gold.
Doch zeigte ich mein Wahrstes ganz frei,
Wärest du mir nicht mehr hold.

Mädchen, versäume dich nicht
Und hüte dich vor List!
Ich aber träume dich,
Wie du gar nicht bist.

Umarm ihn nicht

Umarme den, der dir gefällt.
Vorbei ist er dir leicht verloren.

Ich nehme an, dein Geist hat Ohren
Zu hören, was man von dir hält.

Umarme ihn, wenn eine Glut
Dich vorwärts drängt, ihn zu begrüßen.
Dann leg ihm deinen Mut zu Füßen.
Und mache kein Geschäft. – Sei gut.

Du warst zu dreist, wenn du nicht lesen
Kannst, ob ihn die Umarmung freut.

Ich bin auch mehrmals so in Glut gewesen
Und hielt mich still. Hab mich gescheut
Und hab Versäumtes hinterher bereut.

Und glaube doch: Wir brauchen weite Fernen,
Einander wahr und rein kennenzulernen.

Es lohnt sich doch

Es lohnt sich doch, ein wenig lieb zu sein
Und alles auf das Einfachste zu schrauben.
Und es ist gar nicht Großmut zu verzeihn,
Daß andere ganz anders als wir glauben.

Und stimmte es, daß Leidenschaft Natur
Bedeutete im guten und im bösen,
Ist doch ein Knoten in dem Schuhband nur
Mit Ruhe und mit Liebe aufzulösen.

Um die Schwalbe

Mir träumte, ein kleines Schwälbchen
Flöge über das Meer.
Ein fremder, häßlicher Vogel,
Der jagte hinter ihm her.

Und eine weiße Möwe
Schloß sich zum Wettflug an,
Bis sie dem wilden Jäger
Die Beute abgewann.

Die schnelle, weiße Möwe
Haschte das süßeste Glück.
Es blieb der wilde Fremdling
Weit hinter ihr zurück.

*

* *

Ich kenne das Schwälbchen, die Möwe,
Hab neidlos sie oft belauscht,
Wenn sie in junger Liebe
Worte und Küsse getauscht.

Ich kenne den losen Vogel,
Der hinter ihnen blieb,
Und weiß, auch er hat das Schwälbchen
Noch immer so herzlich lieb.

Gedicht in Bi-Sprache

Ibich habibebi dibich,
Lobittebi, sobi liebib.
Habist aubich dubi mibich
Liebib? Neibin, vebirgibib.

Nabih obidebir febirn,
Gobitt seibi dibir gubit.
Meibin Hebirz habit gebirn
Abin dibir gebirubiht.

Alone

Alone everybody is nice
Or wonderful. –
Daß ich auch deutsch das sagen könnte, weiß
Ich und behaupte, 2 mal 10 ist Null.
Doch was ist jedermann? Und was sind die,
About wir schelten?
Vielleicht sind alle sie
An einer Stelle einzig oder selten.
Freundin, raff deine Röcke übers Knie
Und gehe leise, ohne Melodie
Und nur bei Dunkelheit
Mit mir durch all die Welten.

Unterm Tisch

Es war ein Stückchen Fromage de brie,
Das fiel untern Tisch. Man sah nicht wie.
Dort standen zwei Lackschuh mit silbernen
    Schnallen.
Die fanden an dem Fromage Gefallen
Und traten nach einiger Überwindung
Mit ihm in ganz intime Verbindung.
Als abends die beiden Schnallengezierten
In einer feudalen Gesellschaft soupierten,
Erhoben sich plötzlich zwei andere Schuhe
Und knarrten verlegen und baten um Ruhe
Und sagten, als alles ruhig war:
»Verehrte, es – riecht hier so sonderbar.«

Wupper-Wippchen

Als in Elberfeld wir in der Schwebebahn
Runter auf das Wupperwasser sahn
Und dann plötzlich unsre Blicke hoben
Gen einander ins Gesicht,
Hätten wir uns eigentlich verloben
Können. – Doch wir taten's nicht.
Weil man manchmal in der Schwebe Schweigen
Vorzieht. Um bald wieder auszusteigen.

Kleines Gedichtchen

Kleines Gedichtchen,
Ziehe denn hinaus!
Mach ein lustiges Gesichtchen.
Merke dir aber mein Haus.

Geh ganz langsam und bescheiden
Zu ihr hin, klopf an die Tür,
Sag, ich möchte sie so leiden,
Doch ich könnte nichts dafür.

Antwort, nein, bedarf es keiner.
Sprich nur einfach überzeugt.
Dann verbeug dich, wie ein kleiner
Bote schüchtern sich verbeugt.

Und dann, kleines Gedichtchen du,
Sag noch sehr innig: »Geruhsame Ruh«.

Privat-Telegramm

Unsere Kasse darf leer sein.
Doch dein Herz darf nicht schwer sein.

Jedes entschlüpfte harte Wort
Von mir, – streichle du sofort!
Und rate mir in gleichem Sinn!!!

Jedes Schmollschweigen tobt ohne Sinn
Hetzerisch durch die Brust.
Ärger ist stets Verlust,
Und Verzeihung ist immer Gewinn.

Unsrer beider Herzen mögen schwer sein
Durch gemeinsames Mißgeschick.
Aber keine Stunde zwischen uns darf
    liebeleer sein.

Denn ich liebe dich durch dünn und dick.

Spute dich!

Spute dich, ehe das Postamt schließt!
Wenn auch ein Anziehn für nur zehn Minuten
Und ein Pustegehtaus-Lauf verdrießt:
Minute spart Tage im Sputen.

Fertiggestellt und nicht abgeschickt – –,
Wem nützen halbe Sachen?
Freut man sich nicht nach Erwachen,
Wenn man schon Antwort auf gestern erblickt?
Freut man sich, wenn die Uhr nicht mehr tickt?

Versäume nichts, wenn dich der Moment
Mahnt. Irgendwer, der dich liebt und kennt,
Stirbt vielleicht fern, während du niest.
Ahnt vielleicht, daß du ihn nicht liebst. – –

Wenn du ihm jetzt schriebst,
Ihm, den du nicht wiedersiehst – –

Spute dich, ehe das Postamt schließt.

Liebesbrief

»Rösl, morgen abend um zehne
Unter dem Standbild der Pallas Athene,
Wo wir uns doch so oft schon getroffen,
Beide die Brust voll Bangen und Hoffen,
Immer so froh. Sind gewandert nach irgendwo,
Sind gewandert durch Nacht und Tau
Bis in das schüttelnde Morgengrau. – –
Busseln und Lieben!! –
Weiß nicht, was wir getrieben,
Weiß nicht, wo all die Stunden geblieben.
Und dann immer das alte Lied:
Jeder wollte scheiden und keiner schied.
Und dann gingst du doch, –
Aber ich stand und lauschte noch,
Lauschte, bis ferne dein Schritt verhallt.

Rösl, ich mag dich so leiden!!
Gelt Rösl, wir beiden
Werden nimmer alt?«

Ansprache eines Fremden
an eine Geschminkte vor dem
Wilberforcemonument

Guten Abend, schöne Unbekannte! Es ist
    nachts halb zehn.
Würden Sie liebenswürdigerweise mit mir
    schlafen gehn?
Wer ich bin? – Sie meinen, wie ich heiße?

Liebes Kind, ich werde Sie belügen,
Denn ich schenke dir drei Pfund.
Denn ich küsse niemals auf den Mund.
Von uns beiden bin ich der Gescheitre.
Doch du darfst mich um drei weitere
Pfund betrügen.

Glaube mir, liebes Kind:
Wenn man einmal in Sansibar
Und in Tirol und im Gefängnis und in
    Kalkutta war,
Dann merkt man erst, daß man nicht weiß,
    wie sonderbar
Die Menschen sind.

Deine Ehre, zum Beispiel, ist nicht dasselbe
Wie bei Peter dem Großen L'honneur. –
Übrigens war ich – (Schenk mir das gelbe
Band!) – in Altona an der Elbe
Schaufensterdekorateur. –

Hast du das Tuten gehört?
Das ist Wilson Line.

Wie? Ich sei angetrunken? O nein, nein! Nein!
Ich bin völlig besoffen und hundsgefährlich
    geistesgestört.
Aber sechs Pfund sind immer ein Risiko wert.

Wie du mißtrauisch neben mir gehst!
Wart nur, ich erzähle dir schnurrige Sachen.
Ich weiß: Du wirst lachen.
Ich weiß: daß sie dich traurig machen.
Obwohl du sie gar nicht verstehst.

Und auch ich –
Du wirst mir vertrauen, – später, in Hose
    und Hemd.
Mädchen wie du haben mir immer vertraut.

Ich bin etwas schief ins Leben gebaut.
Wo mir alles rätselvoll ist und fremd,
Da wohnt meine Mutter. – Quatsch!
        Ich bitte dich: Sei recht laut!

Ich bin eine alte Kommode.
Oft mit Tinte oder Rotwein begossen;
Manchmal mit Fußtritten geschlossen.
Der wird kichern, der nach meinem Tode
Mein Geheimfach entdeckt. –
Ach Kind, wenn du ahntest, wie Kunitzburger
        Eierkuchen schmeckt!

Das ist nun kein richtiger Scherz.
Ich bin auch nicht richtig froh.
Ich habe auch kein richtiges Herz.
Ich bin nur ein kleiner, unanständiger Schalk.
Mein richtiges Herz. Das ist anderwärts,
        irgendwo
Im Muschelkalk.

Liebesbrief

So kann es nun nicht weitergehn!
Das, was besteht, muß bleiben.
Wenn wir uns wieder wiedersehn,
Muß irgendwas geschehn,
Was wir dann auf die Spitze treiben.
Was – was auf einer Spitze tut?
Gewiß nicht Plattitüden.
Denn was auf einer Spitze ruht,
Wird nicht so leicht ermüden.
Auf einer Bank im Grunewald
Zu zweit im Regen sitzen,
Ist blöd. Mut, Mädchen! Schreibe bald!
Dein Fritz! (Remember Spitzen.)

Der Geliebten

Such nicht der Sorge mattes Grau.
Ist nicht die Jugend ein funkelnder Tau?
Gleichen nicht schöne Gedanken

Roten Rosen an wilden Ranken?
Ist nicht die Hoffnung bunt und reich,
Weiten, blumigen Wiesen gleich?

Wir flechten uns Lauben aus Ranken und
    Rosen
Auf taufrischen Wiesen zum Küssen, zum
    Kosen.
Dort wollen wir wandeln, wir ganz allein.
Dort wollen wir König und Königin sein.

Essen ohne dich

Ich habe mich hungrig gefühlt,
Doch fast nichts gegessen.
War alles lecker, das Bier so schön gekühlt –
Aber: Du hast nicht neben mir
Gegessen.

Verzeihe: Ich stellte mir vor,
Daß das ewig so bliebe,
Wenn du vor mir – –
Ach was geht über Liebe?!!

Muß ich nun doch
Ein paar Tage noch
Fressen, ohne Lust; o das haß ich. –
Aber wenn du von der Reise
Heimkehrst, weiß ich, daß ich
Wieder richtig speise.

Schenken

Schenke groß und klein,
Aber immer gediegen.
Wenn die Bedachten
Die Gaben wiegen,
Sei dein Gewissen rein.

Schenke herzlich und frei.
Schenke dabei,
Was in dir wohnt
An Meinung, Geschmack und Humor,
So daß die eigene Freude zuvor
Dich reichlich belohnt.

Schenke mit Geist ohne List.
Sei eingedenk,
Daß dein Geschenk
Du selber bist.

II

*Der du meine Wege
mit mir gehst*

Ein Liebesbrief
(Dezember 1930)

Von allen Seiten drängt ein drohend Grau
Uns zu. Die Luft will uns vergehen.
Ich aber kann des Himmels Blau,
Kann alles Trübe sonnvergoldet sehen.
Weil ich dich liebe, dich, du frohe Frau.

Mag sein, daß alles Böse sich
Vereinigt hat, uns breitzutreten.
Drei Rettungswege gibt's: zu beten,
Zu sterben und »Ich liebe dich!«

Und alle drei in gleicher Weise
Gewähren Ruhe, geben Mut.
Es ist wie holdes Sterben, wenn wir leise
Beten: »Ich liebe dich! Sei gut!«

An M.

Der du meine Wege mit mir gehst,
Jede Laune meiner Wimper spürst,
Meine Schlechtigkeiten duldest und verstehst – –.
Weißt du wohl, wie heiß du oft mich rührst?

Wenn ich tot bin, darfst du gar nicht trauern.
Meine Liebe wird mich überdauern
Und in fremden Kleidern dir begegnen
Und dich segnen.

Lebe, lache gut!
Mache deine Sache gut!

An M. zum Einzug in Berlin

Morgen, wenn du einfährst in Berlin,
Bin ich da,
Denk ich an die Scharen von Staren,
Die nach Afrika ziehn.

Sorgenmürbe bist du nachts gefahren.
Einer Sommermorgensonne möcht ich gleichen,
Wenn du mir die lieben Hände reichen
Wirst. –

Willkommen in Berlin! Und gib
Alle Koffer mir zum Tragen.

Neue Heimat läßt mich neu dir sagen:
So wie dich hab ich kein andres lieb.

Hong-Kong

Ich erhielt heute deinen beleidigten Brief.
Deine Nachschnüffeleien kränken mich tief.
Und erstens ist Tay-Fi kein Frauenzimmer,
Dann zweitens treiben es andre viel schlimmer,
Und drittens hab' ich – parteilos betrachtet –
Zwar mit ihr in einem gemeinsamen Zimmer
Im Grand Hotel Discrétion übernachtet,
Doch war überhaupt nur dies Zimmer noch frei,
Und wie die Betten zunander standen
(Vergleiche die kleine Skizze anbei),
Ist gar kein Grund zu Verdächten vorhanden. –

Im übrigen weißt du: Ich liebe dich s e h r.
So lange von dir getrennt zu sein,

Erträgt aber niemand. Ich bin doch kein Stein,
Und ich brauche – ganz schroff gesagt: mehr
    Verkehr.
Alle Männer, auch Frauen, ganz nebenher
Gesagt, alle Völker brauchen dasselbe!
Und diese blöde, luetische, gelbe
Chinesin kommt ernstlich doch nicht in
    Betracht.
Wir haben uns halt mal per Zufall gefunden
Und ein paar anregende Stunden verbracht.
Man kann doch nicht ewig die ausgeschwätzte
Gleiche Gesellschaft und Gegend erleben.

*

Wenn man alle Münchner nach Preußen
    versetzte
Und umgekehrt. Und auch andererseits,
Etwa die Fakire nach der Schweiz. –
Was würde das Perspektiven ergeben! –
Wollen doch nicht am Alltäglichen kleben.
Großzügig sein! Also zürne nicht mehr. –
Du weißt, welche Zeit dein Brief bis hierher
Bei dem miserablichten Dampferverkehr
Gebraucht und wie lange es wiederum währt,
Bis du endlich meine Rückantwort liest.
Und dann – und ich habe das eben beniest –
Ist doch die ganze Affäre verjährt.

Ein Nagel saß in einem Stück Holz.
Der war auf seine Gattin sehr stolz.
Die trug eine goldene Haube
Und war eine Messingschraube.
Sie war etwas locker und etwas verschraubt,
Sowohl in der Liebe, als auch überhaupt.
Sie liebte ein Häkchen und traf sich mit ihm
In einem Astloch. Sie wurden intim.
Kurz, eines Tages entfernten sie sich
Und ließen den armen Nagel im Stich.
Der arme Nagel bog sich vor Schmerz.
Noch niemals hatte sein eisernes Herz
So bittere Leiden gekostet.
Bald war er beinah verrostet.
Da aber kehrte sein früheres Glück,
Die alte Schraube, wieder zurück.
Sie glänzte übers ganze Gesicht.
Ja, alte Liebe, die rostet nicht!

Ehebrief

Nun zeigt ein Brief, daß ich zu lange
Nicht sonderlich zu dir gewesen bin.
Ich nahm das Gute als Gewohntes hin.
Und ich vergaß, was ich verlange.

Verzeihe mir. – Ich weiß, daß fromme
Gedanken rauh gebettet werden müssen.
Ich danke jetzt. – Wenn ich nach Hause komme,
Will ich dich so wie vor zehn Jahren küssen.

Tante Qualle und der Elefant

Die Tante Qualle schwamm zum Strand.
Es liebte sie ein Elefant,
Mit Namen Hildebrand genannt.
Der wartete am Meeresstrand
Mit einem Sträußchen in der Hand.
Das übergab er ihr galant
Und bat um Tante Quallens Hand.
Da knüpften sie ein Eheband.
Der Doktor Storch, der abseits stand,
Der dachte: »Armer Hildebrand!«
Worauf er weiterging und lachte.
– – – – – – – – – – – – – – – –
Warum der Storch wohl so was dachte?

Genau besehn

Wenn man das zierlichste Näschen
Von seiner liebsten Braut
Durch ein Vergrößerungsgläschen
Näher beschaut,
Dann zeigen sich haarige Berge,
Daß einem graut.

Vortrag ans Hochzeitspaar

Eure Hochzeitssonne scheint.
Wir hoffen, daß Ihr es ehrlich meint.

Wenn wir nach zwei, vier, acht, zehn –
Jahren Euch wiedersehn,
Hoffen wir, daß wir Euch dann noch verstehn.
Und wenn Ihr dann – hinterher,
Zu zweit –
Noch glücklicher als mit uns seid,
Noch gleich verliebt nach Probezeit,
Voll doppelter Freude mit halbem Leid,
Dann freut uns Freunde das sehr.
Dann sollen sich Hände wie heute fassen.
Wir treten respektvoll zurück:
Eine Zweitwelt wird von Stapel gelassen.
Mit Gott!! Viel Glück!

Dreiste Blicke

Über die Knie
Unter ein Röckchen zu schaun – –
Wenn sie doch das und die
Haben, die schönen Fraun!

Über einen öffnenden Saum
In Täler zwischen Brüstchen
Darf Blick wie stiller Traum
Stürzen sein Lüstchen.

Sollen doch Frauen auch
So blicken, – nicht schielen –
Wenn Arm, Popo und Bauch
In Fältchen spielen.

Nimm, was der Blick dir gibt,
Sei es, was es sei.
Bevor sich das selber liebt,
Ist's schon vorbei.

Herzenstreue

»Und seid ihr glücklich?« – habe ich dann
    gefragt. –
Mir ist das leise Zittern nicht entgangen.
Und lachend, wie das »Ja«, das du gesagt,
Ist eine Stunde uns vorübergegangen.

Doch was mich glühend dir zu Füßen trieb,
Vor deinem Lachen starb es hin in Reue,
Nur eine grenzenlose Achtung blieb
Vor solcher tränenschönen Herzenstreue.

Die Geburtenzahl

Die Geburtenzahl
Ging herunter,
Traf den Pfarrer im Tal
Nachts noch munter.

Heidel da diedel dumm
Wie war das schön im Tal!
Aufwärts steigt wiederum
Bald die Geburtenzahl.

    *   *   *

Und dann lächelt alles froh
Im statistischen Büro.

Was willst du von mir?

Möchtest du meine Frau werden,
Da meine Haare schon grau werden,
Schon größtenteils sind?
Möchtest du über mich lachen?
Soll ich dir Freude machen?
Oder ein Kind?

Willst du die Peitsche spüren?
Soll ich dich ausführen?
Brauchst du Geld oder einen Rat?
Willst du nur mit mir spielen?
Oder gefielen oder mißfielen
Dir Taten, die ich tat?

Warum bist du so still?
Soll ich dich beklagen?
Sag doch einmal: »Ich will......«
Oder sonst ein deutliches Wort. –
Soll ich dich verjagen?
Ja. Geh zu!
Nein! – Du!
Bitte, bitte, geh nicht fort!

Zwischen meinen Wänden

Ich danke dir: Ich bin ein Kind geblieben,
Ward äußerlich auch meine Schwarte rauh.

Zu viele Sachen weiß ich zu genau
Und lernte mehr und mehr die Wände lieben.

Doch zwischen Wänden, wenn die Fantasie
Ein kleines Glück so glücklich zu erfassen
Imstande ist, daß wir uns sagen: Nie
Uns selber lieben! Nie das andre hassen!
Nur einsam sein! – –
Spricht oft mein Innerstes zu solcher
    Weisheit: Nein!
Denn all mein Sinnen lauscht, ob fremde
    Hände
Jetzt etwa klopfen werden an mein einsam
    Wände,
Und wenn's geschähe, rief es laut: Herein!!!

Nachtschwärmen

Die alte Pappel schauert sich neigend,
Als habe das Leben sie müde gemacht.
Ich und mein Lieb – hier ruhen wir schweigend –
Und vor uns wallt die drückende Nacht.

Bis sich zwei schöne Gedanken begegnen, –
Dann löst sich der bleierne Wolkenhang.
Goldene, sprühende Funken regnen
Und füllen die Welt mit lustigem Klang.

Ein trüber Nebel ist uns zerronnen.
Ich lege meine in deine Hand.
Mir ist, als hätt ich dich neu gewonnen. – –
Und vor uns schimmert ein goldenes Land.

Entgleite nicht

Wer hätte damals das gedacht!?
Von mir!? – Wie war ich davon weit!

Dann stieg ich, stiegen wir zu zweit
Und sagten glücklich vor der Nacht:
»Kehr nie zurück, bedankte Ärmlichkeit!«

Es war ein wunderschönes Hausen
In guter, kleinerbauter Heimlichkeit. –

Ganz winzige, herzförmige Fenster gibt's. –

Im reichen Raum vergißt man leicht das
    Draußen. –

Entgleite nicht, du Glück der Einfachheit.

Die Bitte um Verzeihung

Es schneidet mir deine Bitte
»Verzeihe mir« ins Herz hinein.
Daß ich viel lieber durchlitte
Das, was verziehen will sein.

Und möchte selber nicht missen
Die Liebe, die mein Falschtun rügt.
Weil eins von zwei Gewissen
Uns beiden doch nicht genügt.

Verziehen ist. – Verzeihe
Nun du! Du hast zu viel geweint.
Und segeln wir fromm ins Freie.
Da wieder die Sonne scheint.

Ich habe gebangt um dich

Ich habe gebangt um dich.
Ich wäre so gern für dich gegangen. –
Du hättest im gleichen Bangen
Dann gewartet auf mich.

Ich hörte nicht mehr,
Und ich sah auch nicht.
Ein Garnichts floh vor mir her,
Gefrorenes Licht.

Nun atmet mein Dank so tief,
Und die Welt blüht im Zimmer. –
Daß alles so gnädig verlief,
Vergessen wir's nimmer!

Ein ganzes Leben

»Weißt du noch«, so frug die Eintagsfliege
Abends, »wie ich auf der Stiege
Damals dir den Käsekrümel stahl?«

Mit der Abgeklärtheit eines Greises
Sprach der Fliegenmann: »Gewiß, ich weiß es!«
Und er lächelte: »Es war einmal –«

»Weißt du noch«, so fragte weiter sie,
»Wie ich damals unterm sechsten Knie
Jene schwere Blutvergiftung hatte?« –

»Leider«, sagte halb verträumt der Gatte.

»Weißt du noch, wie ich, weil ich dir grollte,
Fliegenleim-Selbstmord verüben wollte?? –
Und wie ich das erste Ei gebar?? –
Weißt du noch, wie es halb sechs Uhr war?? –
Und wie ich in Milch gefallen bin?? – –«

Fliegenmann gab keine Antwort mehr,
Summte leise, müde vor sich hin:
»Lang, lang ist's her – – lang – – –«

So ist es uns ergangen

So ist es uns ergangen.
Vergiß es nicht in beßrer Zeit! –
Aber Vöglein singen und sangen,
Und dein Herz sei endlos weit.

Vergiß es nicht! Nur damit du lernst
Zu dem seltsamen Rätsel »Geschick«. –
Warum wird, je weiter du dich entfernst,
Desto größer der Blick?

Der Tod geht stolz spazieren.
Doch Sterben ist nur Zeitverlust. –
Dir hängt ein Herz in deiner Brust,
Das darfst du nie verlieren.

III

*Ich habe so Sehnsucht
nach Dir*

Liebeszettel

In Eile – Du! Du!!! – Am Donnerstag
Wie letztmals, himmlisch dasselbe!!!
(Nur bitte – wenn es sich fügen mag –
Diesmal wieder das gelbe –!!!)

Brief in die Sommerfrische

Ich habe so Sehnsucht nach Dir.
Weil alles so gut steht
Auf unserem Gemüsebeet.
Und Du bist in England. Nicht hier
Bei mir.
Frau heißt auf Englisch »wife«;
Muß man, um das zu lernen,
Sich so weit und so lange entfernen?

Bei uns ist alles Gemüse reif.
Meinst Du, daß ich das allein
Esse? Kommt gar nicht in Frage.
Und so vergehen die Tage.
Könnte doch zu zweit so billig sein.

Bis August und noch September vergeht,
Ist alles verfault auf dem Beet.
Aber Englisch ist wichtiger als Gemüse,
Das es schließlich auch in Büchsen gibt.
Und ich gönne Dir das alles sehr. Grüße
    Dich!
Dein Mann (einsam in Dich verliebt).

Sehnsucht nach zwei Augen

(September 1930)

Diese Augen haben um mich geweint.
Denk ich daran, wird mir weh.
Wie die mir scheinen und spiegeln, so scheint
Keine Sonne, spiegelt kein See.

Und rührend dankten und jubelten sie
Für das kleinste gute Wort.
Diese Augen belogen mich nie.

Nun bin ich weit von ihnen fort,
Getrennt für Zeit voll Ungeduld.
Da träumt's in mir aus Leid und Schuld:
Daß sie noch einmal weinen
Werden über meinen
Augen, wenn ich tot bin.

Schöne Fraun mit schönen Katzen

Schöne Fraun und Katzen pflegen
Häufig Freundschaft, wenn sie gleich sind,
Weil sie weich sind
Und mit Grazie sich bewegen.

Weil sie leise sich verstehen,
Weil sie selber leise gehen,
Alles Plumpe oder Laute
Fliehen und als wohlgebaute
Wesen stets ein schönes Bild sind.

Unter sich sind sie Vertraute,
Sie, die sonst unzähmbar wild sind.

Fell wie Samt und Haar wie Seide.
Allverwöhnt. – Man meint, daß beide
Sich nach nichts, als danach sehnen,
Sich auf Sofas schön zu dehnen.

Schöne Fraun mit schönen Katzen,
Wem von ihnen man dann schmeichelt,
Wen von ihnen man gar streichelt,
Stets riskiert man, daß sie kratzen.

Denn sie haben meistens Mucken,
Die zuletzt uns andre jucken.
Weiß man recht, ob sie im Hellen
Echt sind oder sich verstellen?
Weiß man, wenn sie tief sich ducken,
Ob das nicht zum Sprung geschieht?
Aber abends, nachts, im Dunkeln,
Wenn dann ihre Augen funkeln,
Weiß man alles oder flieht
Vor den Funken, die sie stieben.

Doch man soll nicht Fraun, die ihre
Schönen Katzen wirklich lieben,
Menschen überhaupt, die Tiere
Lieben, dieserhalb verdammen.

Sind Verliebte auch wie Flammen,
Zu- und ineinander passend,
Alles Fremde aber hassend.

Ob sie anders oder so sind,
Ob sie männlich, feminin sind,
Ob sie traurig oder froh sind,
Aus Madrid oder Berlin sind,
Ob sie schwarz, ob gelb, ob grau, –

Auch wer weder Katz noch Frau
Schätzt, wird Katzen gern mit Frauen,
Wenn sie beide schön sind, schauen.

Doch begegnen Ringelnatzen
Häßlich alte Fraun mit Katzen,
Geht er schnell drei Schritt zurück.
Denn er sagt: Das bringt kein Glück.

Belauschte Frau

Doch ihr Gesicht,
Das sah ich nicht.
Nur Beine, Rock, gebeugten Rücken,
Ein nasses Stück vom Schürzenhang.

Das alles lebte sich beim Bücken
Und Wenden unterm Küchenlicht.

Ich aber stand im dunklen Gang,
Sah nach den unbewachten Beinen
Unter des hochgerutschten Rockes Saum.
Zwei sichre Arme dachte sich mein Traum.
Nur ihr Gesicht, das sah ich nicht.

Doch etwas war, als wäre es zum Weinen.

Kein Laut, kein Wort. –
Es ist auch nichts Zunennendes gewesen.
Ich aber weiß: Als ich den Gang verließ,
Schlich ich ganz innig leise fort
Und war betrübt, als ich doch einen Besen
Umstieß.

Immer wieder Fasching

Wenn der Fasching kommt, wird viel verboten.
Aber manches wird auch andrerseits erlaubt.
Dann wird nicht nur Dienstboten,
Nein, auch Fürstenhäusern entstammten
Damen oder Frauen von Beamten
Die Unschuld geraubt.

Jeder läßt was springen.
Viel ist los.
Und vor allen Dingen
Beine und Popos.

Wenn sich Masken noch einmal verhüllen
Mit Phantastik, Seide, Samt und Tüllen,
Zeigt sich sehr viel Fleisch und sehr viel Schoß.
Daß wir, eh' wir heimwärts schwanken,
Unsern steifen Hut zerknüllen
Im Gedanken:
Hätten wir die Hälfte bloß!

Also brechen wir auf!
Ach nein, bleiben wir noch,

Bis an ein Loch.
Schließlich löst sich alles doch
In Papier auf.

Man vertrollt sich lärmlich,
Wendet sich erbärmlich,
Jedermann ein abgesetzter Held.

Draußen Sturm. Es hetzen
Über Dächer kalte Wolkenfetzen
Unterm Mond. Wir setzen
Uns ins Auto, fröstelnd vor dem letzten Geld.

Mir ist, als bräch aus meinem Herz
Ein Strom durchglühter Lavafluten.
Ach wüßtest du, wie hinter Scherz
So oft die tiefsten Wunden bluten.

Wenn ich mit Lachen von dir schied,
Wie Blütengelb war das zerstäubt,
Und wilder klang das wilde Lied,
Das deine Heiterkeit betäubt.

Das wilde Lied klang fort und fort,
Und nichts von jenem Lachen blieb,
Bis ich es fand das milde Wort.
Du sagtest einst: »Ich hab dich lieb!«

Nach kurzer Fahrt getrennt

Es reimt sich was,
Und es schleimt sich was,
In den Austern im Kölner September.
Ich sitze – und niemand sonst ist dabei –
Vor blinkenden Lichtern in der Bastei,
And I remember.

Heute wird nicht gegeizt,
Wird mit Champagner geheizt,
Für dich söffe ich Tinte.
Paris ist nicht weit von hier.
Könnten wir! – Wollen wir
Uns dort treffen, Lobintte??

Letztes Wort an eine Spröde

Wie ich bettle und weine –
Es ist lächerlich.
Schließe deine Beine! –
Ich liebe dich.

Schließe deine Säume
Oben und unten am Rock.
Was ich von dir träume,
Träumt ein Bock.

Sage: Ich sei zu dreist.
Zieh ein beleidigtes Gesicht.
Was »Ich liebe dich« heißt,
Weiß ich nicht.

Zeige von deinen Beinen
Nur die Konturen kokett.
Gehe mit einem Gemeinen,
Feschen Heiratsschwindler zu Bett.

Finde ich unten im Hafen
Heute ein hurendes Kind,
Will ich bei ihr schlafen;
Bis wir fertig sind.

Dann: – die Türe klinket
Leise auf und leise zu.
Und die Hure winket –
Glücklicher als du.

Passantin

So schöner Wuchs! So schöne Haut!
So schöne Hände, so schöne Haare.
Ganz Frauenanmut. – Und für wen gebaut?
Und für wie viele Jahre?

Aus Worten, Augen streichelt mich ein Geist,
Der mir gefällt und heimlich schön verspricht.
Für mich so schön, vielleicht für andre nicht. –
Was nützt es mir, da es vorrüberreist.

Und nützt mir doch, kann meine Phantasie
Versagtes in Konvexes übertragen. –

Die Wolke, die dich labt, du fängst sie nie;
Sie hört dich nicht, und du kannst ihr nichts
    sagen.

Alter Mann spricht junges Mädchen an

Guten Tag! – Wie du dich bemühst,
Keine Antwort auszusprechen.
»Guten Tag« in die Luft gegrüßt,
Ist das wohl ein Sittlichkeitsverbrechen?

Jage mich nicht fort.
Ich will dich nicht verjagen.
Nun werde ich jedes weitere Wort
Zu meinem Spazierstock sagen:

Sprich mich nicht an und sieh mich nicht,
Du schlankes.
Ich hatte auch einmal ein so blankes,
Junges Gesicht.

Wie viele hatten,
Was du noch hast.
Schenke mir nur deinen Schatten
Für eine kurze Rast.

An Gabriele B.

Schenk mir dein Herz für vierzehn Tage,
Du weit ausschreitendes Giraffenkind,
Auf daß ich ehrlich und wie in den Wind
Dir Gutes und Verliebtes sage.

Als ich dich sah, du lange Gabriele,
Hat mich ein Loch in deinem Strumpf gerührt,
Und ohne daß du's weißt, hat meine Seele
Durch dieses Loch sich bei dir eingeführt.
Verjag sie nicht und sage: »Ja!«
Es war so schön, als ich dich sah.

Überraschende Geschenke

Unerwartete Bescherung!
Lieb Sonja, ich gedenke
Deiner träumend in Verehrung.

Fand ich fern erliebte Gaben,
Innig, wie die Muschel gibt,
Liebe, die die Liebe liebt –
Welche Möglichkeit wir haben!

Was uns unverdient begegnet,
Frei und offen im Vertrauen,
Schöne Worte, Blumen, Frauen – –
Sonja, Sonja, sei gesegnet!

Sind wir frei?

Und hindert nichts mich, frei von dir zu reden,
Darf meine Liebste uns umschlungen sehn.
So können wir in jedes Wort, in jeden
Blick – lächelnden Gewissens sehn.

Nicht antworten, wenn Neugierige uns fragen.
Die wahren Freunde sind vertrauend scheu.
Und ach, du weißt: Ich bin der Liebsten treu.

Dir aber kann ich jetzt nur eines sagen:
Es ist so schön, wenn Menschen Menschen tragen.

Tiefe Stunden verrannen.
Wir rührten uns nicht.
In den alten Tannen
Schlief ein Gedicht.

Stieg ein Duft aus dem Heu,
Wie ihn die Heimat nur haucht. – –
Sahst du das Reh, das scheu
Dort aus dem Duster getaucht?

Wie es erst fremd und bang
Sich die Stille beschaute,
Leise sich näher getraute
Und jäh entsprang – –!

Weißt du, wir schwiegen und sannen:
Kommt es wohl wieder?
Und wir senkten die Lider.
Tiefe Stunden verrannen.

Mißglücktes Liebesabenteuer

Das Herz sitzt über dem Popo. –
Das Hirn überragt beides.
Leider! Denn daraus entspringen so
Viele Quellen des Leides.

Doch ginge uns plötzlich das Hirn ins Gesäß
Und die Afterpracht in die Köpfe,
Wir wären noch minder als hohles Gefäß,
Nur gestürzte, unfertige Töpfe.

Herz, Arsch und Hirn. – Ich ziehe retour
Meine kleinliche Überlegung. –
Denn dieses ganze Gedicht kommt nur
Aus einer enttäuschten Erregung.

Ein Liebesnacht-Wörtchen

Ja – – ja! – – ja!! – – ja!!! – –
Du hast so süße Höschen.
Nun sind wir allein. Und es ist Nacht.
Ach hätte ich dir doch ein Röschen
Mitgebracht.

Ich tanzte mit ihr

Als Reiter die Steppe durchjagen –
Wandern in Schritten, ersungen aus gleichem
    Gefühl,
Oder mit Kühnheit gespannt den Wagen
Lenkend durch Gefahren und Straßengewühl –
Mit der Schaukel hinauf und hernieder,
Treibend im Boote über die Wellen gewiegt,
Mit dem Schlitten zu Tal. Und dann wieder
Auf, wie die Möwe dem Winde entgegenfliegt.
Und das alles allzumal
Genossen wir tanzend im Saal.
In uns kreiste das Blut und der Wein,
Um uns ein Fest mit Wänden und Händen,
Gesichtern, Lichtern und Gegenständen.
Wir standen in dem Ringelreihn
Eigentlich ganz allein,
Ein Mensch aus zwein.

Schöne Frau ging vorbei

Eine Falte in deinem Kleid
Hat wie eine Woge geschaukelt,
Hat Träume mir vorgegaukelt:
Wie schön ihr seid, wie ihr seid.

Einer Woge glich diese Falte,
Von deinem Atem aufgewühlt.
Und trotzig hat diese kalte
Welle dein warmes Fleisch umspült.

Es glätten keine Bedenken solch
Bezaubernd wogende Faltung.
Ich ging an dir vorbei, wie ein Strolch
An einer städtischen Verwaltung.

Man stirbt hier vor Langeweile,
Dachte die Nagelfeile
Beim Mittagessen!
Und machte sich, wie von ungefähr,
Über den Fingernagel her,
Beim Mittagessen!
Da begann eine silberne Gabel zu schrein:
»Meine Dame – – Sie sind hier nicht allein!«

Verpufftes Gewitter

Hat mich ein Gewitter
Gestern so nervös gemacht.
Hat ein Magenbitter
Mich dann bös gemacht.
Sekt, den ich bestellte, weil
Ich froh werden wollte,
Wirkte nur ins Gegenteil.

Und der Donner grollte.
Daß ich herz- und magenkrank
Weiterbummelnd mich betrank.

Und ich weiß nur noch:
Eine Dame, die
Unterm Ärmel nach Lavendel roch,
Hat mich abgeküßt. – Ach und wie!
Und ich war vernarrt,
Weil sie so apart
Sagte, daß ich »herbstzeitlose« sei.
Diese Taschendiebin
Griff diskret und lieb in
Meine Tasche dabei.

Freiübungen
(Grund-Stellung)
Ein Turngedicht

Wenn eine Frau in uns Begierden weckt
Und diese Frau hat schon ihr Herz vergeben,
Dann (Arme vorwärts streckt!)
Dann ist es ratsam, daß man sich versteckt.
Denn später (langsam auf den Fersen heben!)
Denn später wird uns ein Gefühl umschweben,
Das von Familiensinn und guten Eltern zeugt.
(Arme – beugt!)
Denn was die Frau an einem Manne reizt,
(Hüften fest – Beine spreizt! – Grundstellung)
Ist Ehrbarkeit. Nur die hat wahren Wert,
Auch auf die Dauer (Ganze Abteilung, kehrt!).
Das ist von beiden Teilen der begehrtste,
Von dem man sagt: (Rumpfbeuge) Das ist der
    allerwertste.

Überall

Überall ist Wunderland.
Überall ist Leben.
Bei meiner Tante im Strumpfenband
Wie irgendwo daneben.

Überall ist Dunkelheit.
Kinder werden Väter.
Fünf Minuten später
Stirbt sich was für einige Zeit.
Überall ist Ewigkeit.

Wenn du einen Schneck behauchst,
Schrumpft er ins Gehäuse.
Wenn du ihn in Kognak tauchst,
Sieht er weiße Mäuse.

Lustmord

Sie stänkerte. Dennoch habe ich sie –
Weil sie käuflich war – gekauft.
Und habe, vielleicht aus Ironie,
Sie »Mucker« getauft.

Ich riß ihr gierig mit rauher Hand
Die einzelnen Kleider herunter,
Zunächst ein leichtes Flittergewand,
Dann anderen, gröberen Plunder.

Und Rock und Röckchen nach Röckchen fiel
Herab. Ich riß und zerfetzte
Mit Wollust. Ich wollte – das war mein Ziel –
Das Nackte, das Wahre, das Letzte.

Doch immer, wenn ich das rosige Glück
Der Nacktheit zu schauen vermeinte,
Kam wieder noch irgend ein Kleidungsstück.
Ich wütete weiter, ich weinte.

Doch als ich sie völlig enthemdet
Hatte, blieb nichts, restlos nichts.
Und in dieses Nichts bohrt befremdet
Der Stachel meines Gedichts.

Jedoch erübrigt sich jede
Kritik, jeder Kommentar,
Weil die, von der ich hier rede,
Eine Zwiebel war.

Der Spiegel, der Kamm
Und der Schwamm
Und das weiße Handtuch an der Wand
Und ein Mann, der hinter dem Kleiderschrank
    stand,
Die warteten auf das schöne Mädchen
Käthchen.
Und endlich, endlich kam Käthchen gegangen.
Da küßte der Schwamm ihr Mund und Wangen,
Und sie küßte den Schwamm und beugte sich
    nieder
Und küßte das Handtuch und küßte es wieder.
Sie ließ sich von dem Spiegel umschmeicheln
Und von dem Kamme ihr Goldhaar streicheln.
Dann sagte sie allen recht schönen Dank.
Dann sah sie den Mann hinterm Kleiderschrank
Und rannte davon und schrie dabei:
»Zu Hilfe! Mörder!« und »Polizei!« – –
– – – – – – – – – – – – – – – – – – – –
Der Mensch glaubt über den Dingen zu stehen.
Hier war das Gegenteil deutlich zu sehen.

Schaudervoll, es zog die reine

Schaudervoll: Es zog die reine,
Weiße, ehrbar keusche Clara
Aus dem Sittlichkeitsvereine
Eines Abends nach Ferrara.
Schaudervoll: Dort, irgendwo,
F l o ß der Po.

Schaudervoll, doch es geschah
In Ferrara, daß die Clara
Aus dem Sittlichkeitsvereine
Nachts den Po doppelt sah.

So kann ein Wiedersehen sein ...

So kann ein Wiedersehn sein,
Daß Augenpaare tief einander messen.

»Lang, lang ist's her. Und doch
Hast du mich nicht – konnt ich dich nicht –
Vergessen.«

Froh war es einst. – Hat wenig sich bewährt. –
Viel starb vom Wenig. – Alte Bäume rauschen
Und neigen sich vornander ernst und lauschen
Wie Kinder einem Märchen, aber abgeklärt.
Denn was geschah, das muß wohl so geschehn
    sein.

Nun ist's, als rückten wir, ohn Worte, ohne Tat,
Enger zusammen, wie zu einem Skat,
Aber erlebt, erliebt! – So soll ein Wiedersehn
    sein.

IV

Aneinander vorbei

Ein männlicher Briefmark erlebte
Was Schönes, bevor er klebte.
Er war von einer Prinzessin beleckt.
Da war die Liebe in ihm erweckt.

Er wollte sie wiederküssen,
Da hat er verreisen müssen.
So liebte er sie vergebens.
Das ist die Tragik des Lebens!

Aneinander vorbei

Vom Speisewagen
Durchs Land getragen,
Siehst du Dörfer, Felder, Katz' und Küh'.
Angenommen, daß dir das Menü
Nichts kann sagen.

Irgendwo: Zwei Barfußmädchen winken.
Wissen selber nicht, warum sie's tun,
Lassen ihre arbeitsharten Hände
Für Momente ruhn.

Wissen nicht, daß deine Hände sinken,
Winken,
Grüßen
In den ganzen langen Zug hinein,
Ahnen nicht, daß du die Scholle sein
Möchtest unter ihren schmutz'gen Füßen.

Angelangt, ergibst du mittelgroß
Dich der Höflichkeit, dem Stande und dem
    Gelde.
Nachts im Bette träumst du hoffnungslos
Von den beiden Mädchen auf dem Felde.

Ab Kopenhagen

Kein Kaviar, kein' Kokosnuß,
Kein Obst noch Weinbergschnecken –
Am Tage, da ich reisen muß,
Da will mir nichts mehr schmecken.

Lebe wohl, du schönes Kopenhagen!
Wie ist das schlimm: entbehrlich sein.
Was kümmert dich im Grunde mein
Schweres Herz und mein leerer Magen.

Der mein Gepäck zur Bahn gebracht,
Der Mann kennt keine Tränen.
Im Gegenteil: Er grüßt und lacht
Vergnügt. So sind die Dänen.

Wie stets nach dreißig Tagen
Bricht eine neue Welt entzwei.
Mich hat ein Mädchen hier umgarnt,
Ein Wunderweib! – Vorbei! Vorbei!
Nun sitz ich still im Wagen.
Jedoch ich will nicht klagen.
Vor Taschendieben wird gewarnt.

Lebe wohl, du schönes Kopenhagen.

Meine Schuhsohlen

Sie waren mir immer nah,
Obwohl ich sie selten sah,
Die Sohlen meiner Schuhe.

Sie waren meinen Fußsohlen hold.
An ihnen klebt ewige Unruhe,
Und Dreck und Blut und vielleicht sogar Gold.

Sie haben sich aufgerieben
Für mich und sahen so selten das Licht.

Wer seine Sohlen nicht lieben
Kann, liebt auch die Seelen nicht.

Mir ist seit einigen Tagen
Das Herz so schwer.
Ich muß meine Sohlen zum Schuster tragen,
Sonst tragen sie mich nicht mehr.

Nachtwanderung

Ich geh durch das schlafende Dorf bei Nacht.
Trüb flackert die alte Laterne.
Ein Fenster nur hell, wo die Liebe noch wacht,
Und über mir blinzeln die Sterne.

Noch stehen die Nelken im Blumentopf
Mit rosa Manschetten umwunden.
Ich glaube, ein schwarzbrauner, lachender Kopf
Ist eben dahinter verschwunden.

Ach nein, das Fenster ist dunkel und leer,
Wo ich so oftmals gesessen.
Das schwarzbraune Mädchen wohnt dort nicht
    mehr
Und hat mich wohl lang schon vergessen.

Mein Schatten ruft höhnisch: Bist alt! Bist alt!
Die Liebe gehört nur den Jungen. – – –
Ich wandere weiter. Mein Liedchen verhallt,
Wie meine Jugend verklungen.

Die Möwe

So jeden Tag, vom frühsten Sonnenfließen
Bis in die letzte Wandlung langer Nacht,
Bei jedes Himmels neu gestimmter Pracht
Im hellsten Raum der Freiheit zu genießen,
Das eitle Land und seine Menschen fliehn,
Das Leben heimlich unter Sternen schließen –
So hat auch meine Sehnsucht es gedacht.
Der fernen Abendröte nachzuziehn
Wie dieses Volk geflügelter Nomaden,
Auf hoher See im Sonnenblenden baden,
Sich über weißen Wogenkämmen wiegen,
Einsam in Gottes blauer Nähe fliegen ...
Und du, mein wehes Herz, von Schuld beladen,
Sollst gnadenmild bestraft sein und befreit.
Wie sich die nimmermüden Vögel weit
Hinauf in drohend schwere Wolken wagen
Und fremd herniederblicken auf die Zeit
Und jeden Bissen Nahrung sich erjagen,
Durch kalte Nächte irren, ohne Ruh,
So scheu und erdverwiesen sollst auch du
Durch wilde Wetter treiben, sturmverschlagen,

Dem bunten, warmen Lande ganz entsagen,
Und wirst es auch so stolz und hoch ertragen. –

Horch! Möwenschrei aus sturmgepreßten
    Kehlen...
Kann's wahr sein, daß ihr ruhelose Seelen,
Ewig verdammte, arme Seelen seid,
Die schwere Sünden still und edel büßen?

Ich setzte ab und hob die Büchse wieder.
Es senkte sich erlöst zu meinen Füßen,
Und rote Perlen hingen am Gefieder
Und rieselten wie Tränen sanft hernieder.
Ich will das schlichte, graue Büßerkleid
Der Liebsten schenken. Denn sie kennt das Leid.

Der Verschmähte

Hell strahlen die festlichen Wände,
Fanfaren schmettern laut.
Es reichen sich selig die Hände
Bräutigam und Braut.

Es schwelgen im rauschenden Glanze
Frohe Damen und Herrn
Und wiegen sich lachend im Tanze. – –
Nur einer steht fern.

Der schluchzt an der Tür wie ein Knabe.
Hochzeit feiern sie laut,
Ihm tragen sie heute zu Grabe
Des anderen Braut.

Psst!

Träume deine Träume in Ruh.

Wenn du niemandem mehr traust,
Schließe die Türen zu,
Auch deine Fenster,
Damit du nichts mehr schaust.

Sei still in deiner Stille,
Wie wenn dich niemand sieht.
Auch was dann geschieht,
Ist nicht dein Wille.

Und im dunkelsten Schatten
Lies das Buch ohne Wort.

Was wir haben, was wir hatten,
Was wir – –
Eines Morgens ist alles fort.

Nacht ohne Dach

Nacht ohne Dach. – Nacht mit Lichtern. –
Café-Garten am Rande der Stadt, –
Wo jeder Gegenstand die Seele von Dichtern
Oder versöhnende Hilflosigkeit hat.

Und Menschen kommen und gehen.
Und es lügt ein Getu und Getön.
Aber Tischtücherzipfel wehen,
Und das ist schön!

Und dann ist auch schön: ein Paar
Verliebter Jugend. –
Nacht ohne Dach…

Erinnerung, rufe nicht wach,
Wie schlimm eine Nacht ohne Dach
Einst für mich war.

An uns vorbei

O wie viel Menschen mögen jetzt,
Um diese Stunde – bitter weinen!?
Es wär ein Strom in Gang gesetzt,
Wenn diese Tränen sich vereinen.

Von allen Tiefen sanft gezogen,
Von allen Höhen abgelehnt,
Trägt er sein Fluten und sein Wogen
Zum Meer, das gar nichts mehr ersehnt.

Doch blanke Fische seh ich schwimmen.
Stromaufwärts dampft die Kauffahrtei.
Am Ufer lachen helle Stimmen.
An mir vorbei. An uns vorbei.

Unterwegs

Wenn mir jetzt was begegnete,
Was mich tot machte ganz und gar;
So, daß der uns verregnete
Abschied gestern der letzte war,

So würde doch, was dann versäumt
Wäre, den Trost noch finden:
Das Leid, das von der Liebe träumt,
Muß auch in Liebe schwinden.

Aus

Nun geh ich stumm an dem vorbei,
Wo wir einst glücklich waren,
Und träume vor mich hin: Es sei
Alles wie vor zwei Jahren.

Und du bist schön, und du bist gut
Und hast so hohe Beine.
Mir wird so loreley zumut,
Und ich bin doch nicht Heine.

Ich klappe meine Träume zu
Und suche mir eine Freude.
Auf daß ich nicht so falsch wie du
Mein Stückchen Herz vergeude.

Seepferdchen

Als ich noch ein Seepferdchen war,
Im vorigen Leben,
Wie war das wonnig, wunderbar
Unter Wasser zu schweben.
In den träumenden Fluten
Wogte, wie Güte, das Haar
Der zierlichsten aller Seestuten,
Die meine Geliebte war.
Wir senkten uns still oder stiegen,
Tanzten harmonisch um einand,
Ohne Arm, ohne Bein, ohne Hand,
Wie Wolken sich in Wolken wiegen.
Sie spielte manchmal graziöses Entfliehn,
Auf daß ich ihr folge, sie hasche,
Und legte mir einmal im Ansichziehn
Eierchen in die Tasche.
Sie blickte traurig und stellte sich froh,
Schnappte nach einem Wasserfloh
Und ringelte sich
An einem Stengelchen fest und sprach so:
Ich liebe dich!
Du wieherst nicht, du äpfelst nicht,

Du trägst ein farbloses Panzerkleid
Und hast ein bekümmertes altes Gesicht,
Als wüßtest du um kommendes Leid.
Seestütchen! Schnörkelchen! Ringelnaß!
Wann war wohl das?
Und wer bedauert wohl später meine restliche
    Knochen?
Es ist beinahe so, daß ich weine –
Lollo hat das vertrocknete, kleine
Schmerzverkrümmte Seepferd zerbrochen.

Schroffer Abbruch

Laß mich doch allein,
Bitte, bitte!
Meine Schritte
Sind deinen zu klein.

Merkst du denn nicht,
Was höfliche Worte sind?

Deine Blicke stellen sich blind.
Was aus dir spricht,
Ist nur Angst und die Sucht,
Fremdes zu gewinnen.

Jemand, vor sich selbst auf der Flucht,
Findet nicht Ruhe,
Sich zu besinnen,
Vergißt die Tat vor Getue.

Du kannst dich selbst nicht ertragen,
So schwach bist du.

Blicke ein Jahr lang nur in die Höh
Und höre nur Stillem zu.
Mehr kann ich dir nicht sagen.
Adieu!

Versöhnung

Es ließe sich alles versöhnen,
Wenn keine Rechenkunst es will.
In einer schönen,
Ganz neuen und scheuen
Stunde spricht ein Bereuen
So mutig still.

Es kann ein ergreifend Gedicht
Werden, das kurze Leben,
Wenn ein Vergeben
Aus Frömmigkeit schlicht
Sein Innerstes spricht.

Zwei Liebende auseinandergerissen:
Gut wollen und einfach sein!
Wenn beide das wissen,
Kann ihr Dach wieder sein Dach sein
Und sein Kissen ihr Kissen.

Arm Kräutchen

Ein Sauerampfer auf dem Damm
Stand zwischen Bahngeleisen,
Machte vor jedem D-Zug stramm,
Sah viele Menschen reisen.

Und stand verstaubt und schluckte Qualm,
Schwindsüchtig und verloren,
Ein armes Kraut, ein schwacher Halm,
Mit Augen, Herz und Ohren.

Sah Züge schwinden, Züge nahn.
Der arme Sauerampfer
Sah Eisenbahn um Eisenbahn,
Sah niemals einen Dampfer.

Das Mädchen mit dem Muttermal
Chanson

Woher sie kam, wohin sie ging,
Das hab' ich nie erfahren.
Sie war ein namenloses Ding
Von etwa achtzehn Jahren.
Sie küßte selten ungestüm.
Dann duftete es wie Parfüm
Aus ihren keuschen Haaren.

Wir spielten nur, wir scherzten nur;
Wir haben nie gesündigt.
Sie leistete mir jeden Schwur
Und floh dann ungekündigt,
Entfloh mit meiner goldnen Uhr
Am selben Tag, da ich erfuhr,
Man habe mich entmündigt.

Verschwunden war mein Siegelring
Beim Spielen oder Scherzen.
Sie war ein zarter Schmetterling.

Ich werde nie verschmerzen,
Wie vieles Goldene sie stahl,
Das Mädchen mit dem Muttermal
Zwei Handbreit unterm Herzen.

Ferngruß von Bett zu Bett

Wie ich bei dir gelegen
Habe im Bett, weißt du es noch?
Weißt du noch, wie verwegen
Die Lust uns stand? Und wie es roch?

Und all die seidenen Kissen
Gehörten deinem Mann.
Doch uns schlug kein Gewissen.
Gott weiß, wie redlich untreu
Man sein kann.

Weißt du noch, wie wir's trieben,
Was nie geschildert werden darf?
Heiß, frei, besoffen, fromm und scharf.
Weißt du, daß wir uns liebten?
Und noch lieben?

Man liebt nicht oft in solcher Weise.
Wie fühlvoll hat dein spitzer Hund bewacht.
Ja unser Glück war ganz und rasch und leise.
Nun bist du fern.
Gute Nacht.

Matrosensang

Herr Steuermann, ach Steuermann,
Mein Herz ist gar so schwer.
»So bind ein gut Stück Eisen dran
Und wirf es über Bord ins Meer.«

Ob meine schwangere Liebste weint?
Eine Trän? Zwei Trän? Drei Trän?
Ho! Meine krumme Mutter meint,
Ich sei ein reicher Kapitän.

Ist Mutters Haus mit Stroh gedeckt,
Wie sie sich freuen kann.
Doch wie ein Sturm mit Branntwein schmeckt,
Das geht sie einen Hundsdreck an.

Und wenn sich der Letzte dir entfernt,
Von denen, die einst dir lieb,
Wenn du sie alle verachten gelernt,
Kein tröstender Zweifel dir blieb.

Laß flattern in alle Winde das Band,
Das dich bestach, als es neu.
Dann lege du wie ein heilig Pfand
Die rechte in die linke Hand
Und schwöre dir selber die Treu.

Es ist besser so

Es ist besser so.
Reich mir die Hand. Wir wollen froh
Und lachend voneinandergehn.
Wir würden uns vielleicht nach Jahren
Nicht mehr so gut wie heut verstehn.
So laß uns bis auf Wiedersehn
Ein reines, treues Bild bewahren.

Du wirst in meiner Seele lesen,
Wie mich ergreift dies harte Wort.
Doch unsre Freundschaft dauert fort.
Und ist kein leerer Traum gewesen,
Aus dem wir einst getäuscht erwachen.
Nun weine nicht; wir wollen froh
Noch einmal miteinander lachen. – – –
Es ist besser so.

Lebensabschnitt

Ich mache eine Amnestie
Aus herzlichem Verlangen.
Und sei auch du und sein auch Sie
Zu mir ganz unbefangen.

Das Leben ist ein Rutsch-Vorbei.
Nur das, was echt gewesen,
Nährt weiterhin. – Ein Besen,
Zu wild geschwenkt, schlägt viel entzwei.

Seid gut zu mir und macht Radau,
Verzeihend und aus Reue!
Wollt ihr? Wer reist aufs neue
Mit mir ins Himmelblau?

Nachwort von Jan Sidney

In der Schule fand Ringelnatz die Kreide »abscheulich zum Anfassen« und ihr Quietschen auf der Tafel »stechend empörend«. Er wurde »verpetzt oder erwischt und immer wieder bestraft« und schließlich vom Unterricht ausgeschlossen. Der Grund dafür waren im weitesten Sinne die Frauen, genau genommen dreiundzwanzig Schönheiten aus Samoa, die mit drei Häuptlingen im Hamburger Zoo anläßlich einer Völkerschau zu bewundern waren: »Ich befand mich in den Pubertätsjahren und konnte mich an den bronzefarbenen, dunkelhaarigen Weibern nicht sattsehen. Da mein kleines Taschengeld für Geschenke nicht ausreichte, entwendete ich zu Hause nach und nach unseren gesamten Christbaumschmuck. Bald trugen alle dreiundzwanzig Insulanerinnen Glaskugeln, (...) Wachsengel und Ketten im Haar. Sie dankten mir, indem sie mich anlächelten oder über mein blondes Haar strichen, was mich beseligte. Aber eine von ihnen erfüllte mir eines Tages meinen Wunsch, mir ein ›H‹ auf den Unterarm einzustechen. Das geschah in der großen Unterrichtspause. Die dauerte eine Viertelstunde, das Tätowieren aber einundeinehalbe Stunde.« Der junge Hans Bötticher, wie Ringelnatz eigentlich hieß, wird des Gymnasiums verwiesen.

Das Exotische, das Unkonventionelle und die Frauen – von jung auf läßt sich Ringelnatz von ihnen verführen. Der Sohn aus gutbürgerlichem Elternhaus mit künstlerischem Einschlag (der Vater, ein angesehener kunstgewerblicher Zeichner, schreibt humoristische Texte für Jung und Alt) wechselt von der Pennäler- in die Seemannstracht und zieht dann durch über zwanzig Länder. Einige lernt er näher kennen, da er mehrmals Reißaus nahm. Während seiner Fluchten nimmt er, um nicht zu verhungern, alle möglichen Hilfsarbeiten an, die ungewöhnlichste ist die eines Schlangenbändigers. In Hamburg beginnt er als Bürolehrling einer Dachpappenfabrik eine kaufmännische Karriere, die in einem Münchner Reisebüro endet, als der Weltreisende, der angegeben hatte, fünf Sprachen zu sprechen, einen spanischen Kunden nur mit »Aranjuez, Don Carlos« zu bedienen wußte. In München entdeckt Ringelnatz das Künstlerlokal *Simplicissimus,* und der ›Simpl‹ entdeckt ihn: Er wird zum ›Hausdichter‹ und beginnt Gedichte und

Geschichten zu veröffentlichen. Er hat viele Künstlerfreunde und sehr wenig Geld. Als er in der Nachbarschaft ein Zigarrengeschäft eröffnet, bringen es »gute Freunde und Mangel an Kapital nach neun Monaten aus dem Gleichgewicht«. Nach dem Weltkrieg beginnt der Leutnant a. D., seine Verse mit Ringelnatz, dem seemännischen Namen für das glückbringende Seepferdchen, zu signieren, und wird berühmt. Das Kabarett rettet ihn aus der Misere, Ringelnatz wird beim Berliner *Schall und Rauch* engagiert und tourt danach, seine Dichtungen vortragend, durch ganz Deutschland. Anfangs schläft er bei Freunden in Teppiche eingerollt, später reist er mit der Lufthansa.

Mit Nonsens und schwarzem Humor wurde Ringelnatz als Dichter berühmt. Und doch gibt es noch einen anderen Ringelnatz, der bis heute leicht übersehen wird: den zarten Melancholiker, der die großen Gefühle in die kleine Form gegossen hat und neben Klamauk und großen Tönen auch immer wieder eine stille, ernste Seite anstimmt. »Es ist so traurig, daß sich die meisten gewöhnt haben, über Ringelnatz als einen Hanswurst oder Suppenkasper zu lachen. Merken denn so wenige, daß man keine Kabarettnummer, sondern einen Dichter vor sich hat?

Ringelnatz ist ein Dichter. Und bei Gott kein geringer«, bemerkte schon 1924 Erich Kästner. Ähnlich bekannt wie Ringelnatz' Ameisen, die nach Australien reisen wollen, es aber nur bis Altona schaffen, oder der Bumerang, auf den das Publikum vergebens wartet, sind Zeilen wie »Ich habe dich so lieb! / Ich würde dir ohne Bedenken / Eine Kachel aus meinem Ofen / Schenken« oder »Der du meine Wege mit mir gehst«, Gedichte wie *Zu dir* oder jenes über den männlichen Briefmark, der »von einer Prinzessin beleckt« die Liebe entdeckt, doch jäh von ihr und einer glücklichen Zukunft getrennt wird. Der Ringelnatz-Ton ist auch in seinen Liebesgedichten unverkennbar.

»Ein adliger Schwärmer edler Art mit einem Dichterherzen und einem kleinen Vogel im ritterlichen Kopf« nannte Hermann Hesse Ringelnatz. Denn hinter der Leidenschaft fürs Leben, für Abenteuer, starke Sinneseindrücke, derbe Erotik oder viel Wein versteckt sich ein zweiter Ringelnatz, der von der großen Liebe und der Frau fürs Leben träumt. Einen Cyrano ähnlich, sucht Ringelnatz, der sich von jung an häßlich und unvollkommen fand, unter den Frauen diejenigen, »die den Mann nicht äußerlich schön verlangen«.

Mir träumte, ein kleines Schwälbchen
Flöge über das Meer.
Ein fremder, häßlicher Vogel,
Der jagte hinter ihm her.

Und eine weiße Möwe
Schloß sich zum Wettflug an,
Bis sie dem wilden Jäger
Die Beute abgewann.

Die schnelle, weiße Möwe
Haschte das süßeste Glück
Es blieb der wilde Fremdling
Weit hinter ihr zurück.

Trotz Affären und Eskapaden im Kreise seiner Künstlerfreunde sucht der ehemalige Seemann nach dem sicheren Hafen der Ehe. Erste ernste Absichten hegt er gegenüber Amalia Tamm, die er Eichhörnchen nennt. Sie ist Hauslehrerin des Grafen Yorck auf Schloß Klein-Oels, wo Ringelnatz 1912 als Bibliothekar arbeitet. 1913 verlobt sich Ringelnatz mit Alma Baumgarten, die er Maulwurf nennt, doch der Vater lehnt den Bund ab. 1918 macht er Annemarie Ruland, einer Schauspielerin ohne Engagement, per Feldpostkarte einen Heiratsantrag, doch sie entscheidet sich gegen ihn. Das läßt ihn um so heftiger um Leonharda Pieper alias Muschelkalk werben. Im November 1919 schreibt Ringelnatz an sie: »Wie schade, daß wir neulich nicht allein waren, daß ich Dich nicht umarmt und geküßt habe, wie schade, daß ich nicht in Dein helles unzerstörbares Glas süße, schwärzeste Sünde gegossen habe. Denn mich dünkt, das wäre der rechte Zaubertrank für Dich. (...) Ich will auch wissen, ob Du – wieviel Du Liebe für mich hast. Ist es zu wenig, um Taten daraus zu türmen, dann muß ich unsere Beziehung zu einander zerbrechen. Nichts ist häßlicher als ›weiter zu lügen‹. Ade, Muschelkalk. Also schreib mir einmal kühn und nackt.« Muschelkalk antwortet mit einer Gegenfrage und möchte erst einmal wissen: »Welches ist Deine Stellungnahme zur Frau überhaupt, welche Meinung hast Du von ihnen?« Für Ringelnatz ist die Frau »vorwiegend Tier, daneben etwas – männlicher Geist – und ein Fünkchen Göttlichkeit oder gottverliehne Wunderkraft. Diese Wunderkraft, dieses Fünkchen verehre ich mit meiner künstlerischen Seele und meiner Philosophie. Dem männlichen Geist bringe ich freudigst Freundschaft und Treue und suche ihn – oft hart beharrlich – zu pflegen und weiterzubilden, und habe ihm viel zu schenken.

Und dem Tier muß, will ich untertan sein und ich liebe es schmutzig und grausam und überlegen.« Muschelkalk, die fünfzehn Jahre jüngere Bürgermeister-Tochter, ist zurückhaltend – »ein lüsternes Verliebtsein ist mir widerlich« –, sie nennt Erlebnisse in der Kindheit als Gründe.

Es folgen viele weitere Briefe, die immer vertrauter werden. »Ach, mein Liebling, wie beglückt es mich, zu wissen, daß Du mich lieb hast. Wie schön wäre es, hätten wir gemeinsam eine kleine Wohnung, darin Du sorgtest und waltetest mit Deiner schönen Mütterlichkeit und wie würde es mich zu meinem Arbeiten anspornen.« Muschelkalk geht sogar so weit zu schreiben: »Ich könnte Dir mit gewisser Trauer, daß es nicht anders ist, doch treu in allem dienen, als Magd, bis auf den Dienst, den der Mann von der Frau verlangt. Da magst Du zu anderen gehen.« Und wundert sich: »Was zieht Dich nun zu mir, die ich doch anscheinend so anders bin als Du.«

Sie sind ein ungleiches Paar wie Tante Qualle und der Elefant im gleichnamigen Gedicht. Er ein Luftikus und Vagabund, der nicht mehr von Hafen zu Hafen unterwegs ist, sondern von einer Aufführung zur nächsten, und als Beruf »reisender Artist« in Formulare und Meldezettel einträgt. Sie hütet die Wohnung in München, hält sich mit Übersetzungen und Lektoratsarbeiten über Wasser oder gibt Sprachunterricht. »Dein Leben, Lona, ist weiß, schlohweiß, und das meinige ist düster im Bunten. Du bist so viel höher als ich. Und mich hat wohl Gott bestraft oder bestimmt, ein ruheloses Dasein zu führen, wie die Seevögel, die mutig und kühn und doch voller steter Angst sind. Gott behüte Dich«, schreibt er ihr im April 1917. »Nicht als Reisebegleiter, sondern als zweites Mich« will er sie. 1920 heiraten beide »ohne Geld, ohne Wohnung und ohne Verstand«. Während der Hochzeitsfeier rezitiert Ringelnatz das Gedicht *Ansprache eines Fremden an eine Geschminkte vor dem Wilberforcemonument*, das Muschelkalk gewidmet ist. Es fängt mit einem Satz an, der an eine Prostituierte gerichtet ist und nun eigentlich gar nicht zu einer feierlichen Hochzeit paßt:

Guten Abend schöne Unbekannte!
Es ist nachts halb zehn.
Würden Sie liebenswürdigerweise mit mir
schlafen gehn?

Das Gedicht endet aber als Hommage an seine Frau:

Das ist nun kein richtiger Scherz.
Ich bin auch nicht richtig froh.
Ich habe auch kein richtiges Herz.
Ich bin nur ein kleiner unanständiger
    Schalk.
Mein richtiges Herz. Das ist anderwärts,
    irgendwo
Im Muschelkalk.

Die Strophe ist symptomatisch für die Beziehung zwischen Ringelnatz und Muschelkalk. Sie ist sein »liebster Goldschatz!«, »mein geliebtes Goldpaut«, »mein goldenes Nashörnchen«, wie er sie zärtlich in Briefen nennt, aber vor allem die »innig geliebte, treue Ringelnatzerin«, die sorgfältig über Einnahmen Buch führt, Korrespondenz erledigt, Kritiken in Alben klebt – das Sekretariat betreibt. Er schreibt von den Erfolgen oder Mißerfolgen, schickt Geld (1923 mitten in der Hyperinflation in zwei Briefen 50 Milliarden oder ›seltenen Schweizerkäse‹, wie er Schweizer Franken nennt), Säcke mit schmutziger Wäsche und immer neue Gedichte, die von Muschelkalk sorgfältig kopiert und in Kladden gesammelt werden. Der Briefwechsel umfaßt mehrere hundert Seiten, doch es können nie genug Briefe sein. »Gestern fand ich ein Briefchen von Dir vor, das nichts enthielt als wieder eine Mahnung zu schreiben. Das verdrießt mich. Du weißt doch, wie sehr viel ich zu thun habe, und weißt, daß ich Dir viel geschrieben habe.« (16. Oktober 1923) Daß der Ton so sachlich ist, hat einen guten Grund: »Geliebter Kalk. Ich muß Dich doch wieder mal daran erinnern, daß ich Dir – wenn ich in Schreibbüros diktiere – nur ganz sachlich berichten kann. Das darf Dir nie kühl vorkommen. Ich habe Dich so so so lieb!« schreibt er im Dezember 1927. Die Gefühle finden sich, wenn schon nur verhalten in Briefen, unverhohlener in Gedichten:

Nun zeigt ein Brief, daß ich zu lange
Nicht sonderlich zu dir gewesen bin.
Ich nahm das Gute als Gewohntes hin.
Und ich vergaß, was ich verlange.

Verzeihe mir. – Ich weiß, daß fromme
Gedanken rauh gebettet werden müssen.
Ich danke jetzt. – Wenn ich nach
   Hause komme,
Will ich dich so wie vor zehn Jahren küssen.

Ringelnatz tingelt quer durch die Republik, durch die Schweiz und Österreich. Doch ganz so

»Dein RingelDirtreu«, wie er einen Brief an Muschelkalk einmal beschließt, ist er nicht. Seine alten Angewohnheiten aus den Seefahrer- und Bohème-Jahren kann und will er nicht ganz ablegen. Er sucht die Gesellschaft von Frauen und hat Affären, was die Beziehung trotz des anfänglichen ›Freipasses‹ unter Belastungen stellt:

Ich erhielt heute deinen beleidigten Brief.
Deine Nachschnüffeleien kränken mich tief.
(...)
Im übrigen weißt du: Ich liebe dich s e h r .
So lange von dir getrennt zu sein,
Erträgt aber niemand. Ich bin doch
        kein Stein,
Und ich brauche – ganz schroff gesagt:
        mehr Verkehr.

heißt es im Gedicht *Hong-Kong*. Daß er aber nur Muschelkalk liebt, sie die Frau seines Leben ist, das wird Ringelnatz nicht müde zu beteuern, in Gedichten oder 1930 auf einer Postkarte:

Wir lieben uns nun zehn Jahre,
Erst sehr,
Dann mehr und mehr.
Das Hesterberg bewahre

Uns das bis Lebensschluß.
Ich gebe Dir einen Kuß.

In der Geheimsprache von Muschelkalk und Ringelnatz stand ›Hesterberg‹ für Gott. Wenn auch die Liebe weiterhin unter dem gütigen Stern steht, ist drei Jahre später seine künstlerische Karriere am Ende. *An M.* heißt ein spätes Gedicht:

Der du meine Wege mit mir gehst,
Jede Laune meiner Wimper spürst,
Meine Schlechtigkeiten duldest
    und verstehst – –,
Weißt du wohl, wie heiß du oft mich rührst?

Wenn ich tot bin, darfst du gar nicht trauern.
Meine Liebe wird mich überdauern
Und in fremden Kleidern dir begegnen
Und dich segnen.

Lebe, lache gut!
Mache deine Sache gut!

Als am 28. Februar 1933 die »Verordnung zum Schutz von Volk und Staat zur Abwehr kommunistischer staatsgefährdender Gewaltakte« erlassen wird, erhält Ringelnatz Auftrittsverbot. In einem Brief vom 5. April wundert sich Ringelnatz: »Mein Gastspiel in Dresden wurde trotz Applaus und bester Presse plötzlich polizeilich verboten.« Als dann noch seine Bücher als »undeutscher Schund« beschlagnahmt werden, hat Ringelnatz mit einem Schlag seine Existenzgrundlage verloren. Er verliert jeden Lebensmut, zu allem Übel erkrankt er schwer an Tuberkulose, an der er schließlich am 17. November 1934 im Alter von 52 Jahren in Berlin stirbt. Wie er es gewünscht hatte, singt die Trauergemeinde bei der Grablegung auf dem Berliner Waldfriedhof an der Heerstraße *La Paloma*. Eines von Ringelnatz' schönsten Liebesgedichten endet mit den Zeilen:

So ist es uns ergangen.
Vergiß es nicht in beßrer Zeit! –
Aber Vöglein singen und sangen,
Und dein Herz sei endlos weit.

Der Tod geht stolz spazieren.
Doch Sterben ist nur Zeitverlust. –
Dir hängt ein Herz in deiner Brust
Das darfst du nie verlieren.

Alphabetisches Verzeichnis
der Überschriften und Anfangszeilen
der Gedichte

Die Gedichttitel sind *kursiv* gesetzt, die Gedichtanfänge gerade.

Joachim
Ringelnatz
*Sämtliche
Gedichte*

Diogenes

Gedicht
864 Seiten

»Viel passiert zu allen Zeiten In der Welt der
Kleinigkeiten. Stimmt bald ernst und stimmt
bald heiter. – So, nun blätt're, bitte, weiter.«
Sämtliche Gedichte von Ringelnatz.

Auf **diogenes.ch/newsletter** erfahren Sie zuerst von Neuerscheinungen und Neuigkeiten unserer Autorinnen und Autoren.

Oder schauen Sie hier vorbei: